BEI GRIN MACHT SICH IHR WISSEN BEZAHLT

- Wir veröffentlichen Ihre Hausarbeit,
  Bachelor- und Masterarbeit

- Ihr eigenes eBook und Buch -
  weltweit in allen wichtigen Shops

- Verdienen Sie an jedem Verkauf

Jetzt bei www.GRIN.com hochladen und kostenlos publizieren

Bibliografische Information der Deutschen Nationalbibliothek:

Die Deutsche Bibliothek verzeichnet diese Publikation in der Deutschen National-
bibliografie; detaillierte bibliografische Daten sind im Internet über http://dnb.d-
nb.de/ abrufbar.

Impressum:

Copyright © 2017 GRIN Verlag
Druck und Bindung: Books on Demand GmbH, Norderstedt Germany
ISBN: 9783668791398

Dieses Buch bei GRIN:

https://www.grin.com/document/439362

Georg Mastorikou

Die US-Immobilienkrise 2007/2008 und ihr Ursprung

Eine Analyse anhand der "Hypothese der finanziellen Instabilität" von H. P. Minsky

GRIN Verlag

GRIN - Your knowledge has value

Der GRIN Verlag publiziert seit 1998 wissenschaftliche Arbeiten von Studenten, Hochschullehrern und anderen Akademikern als eBook und gedrucktes Buch. Die Verlagswebsite www.grin.com ist die ideale Plattform zur Veröffentlichung von Hausarbeiten, Abschlussarbeiten, wissenschaftlichen Aufsätzen, Dissertationen und Fachbüchern.

Inhaltsverzeichnis

1 US-Immobilienkrise 2007/2008 - Eine Einführung

Ziel dieser Hausarbeit ist es, den Einfluss spekulativen Verhaltens von Finanzakteuren als einen entscheidenden Grund für Finanzkrisen am Beispiel der US-Immobilienkrise 2007/2008 zu erörtern. Als theoretische Grundlage dient die von H. P. Minsky aufgestellte „Hypothese der finanziellen Instabilität"[1]. Die Empirischen Daten zur Evaluierung der Hypothese liefert die US-Immoblienkrise 2007/2008.

Die Europäische Union befindet sich zurzeit in einer politischen und ökonomischen Krise.[2] Das war nicht immer der Fall. Anfang des neuen Jahrtausends sind Europa und der Rest der OECD-Staaten im Aufschwung. Dieser war mit dem Ausbrechen der US-Immobilienkrise 2007/2008 jäh zu Ende.[3] Die Forschungsfrage dieser Hausarbeit lautet deshalb: Warum folgte einer expansiven wirtschaftlichen Phase die schlimmste Finanzkrise seit der Weltwirtschaftskrise 1929?[4] Lässt sich diese Krise mithilfe der „Hypothese der finanziellen Instabilität" von H.P. Minsky erklären?

Der Fokus der Analyse liegt hier auf den mikroökonomischen Verhaltensweisen der Finanzakteure und ihren makroökonomischen Auswirkungen. Geschuldet ist diese eingeschränkte Betrachtungsweise dem begrenzten Rahmen dieser Hausarbeit. Deswegen kann hier das Thema „globale Finanzkrise" nicht in seinem ganzen Facettenreichtum beleuchtet werden. Eine weiterführende Beschäftigung mit der Thematik erscheint m.E. sinnvoll. Es soll dennoch nicht unerwähnt bleiben, dass auch andere Faktoren maßgeblich zum Ausbruch der US-Immoblienkrise beigetragen haben. Dies sind namentlich die Niedrigzinspolitik der Federal Reserve System (FED) nach dem Platzen der „Dotcomblase", sowie das Versagen der Aufsichtsbehörden, und zwar sowohl der staatlichen als auch der privaten Kontrollorgane[5]. Die „Hypothese der finanziellen Instabilität" von Hyman P. Minsky soll dieser Hausarbeit als theoretische Grundlage zur Beantwortung der Ursache der globalen Finanzkrise seit 2007/2008 dienen. Es wurde eine systematische Literaturecherche durchgeführt und diese durch mikro- und makroökonomische Daten ergänzt. Zum Zeitpunkt

---

[1] *Minsky, Hyman P.*, 2011: Die Hypothese der finanziellen Instabilität: Kapitalistische Prozesse und das Verhalten der Wirtschaft, in: *Vogl, Joseph* (Hrsg.), Hyman P. Minsky. Instabilität und Kapitalismus. Zürich: Diaphanes, S. 21–66.

[2] Neubäumer, Renate, 2011: Eurokrise: Keine Staatsschuldenkrise, sondern Folge der Finanzkrise, in : Wirtschaftsdienst, Heidelberg: Springer, Band 91, Heft 12, 827-833, hier: S. 827.

[3] OECD, 2017, Gross Domestic Product (GDP) (indicator), Entwicklung US$/capita der OECD Staaten und Europas 1995-2011, URL: https://data.oecd.org/chart/4Ngf (Stand: 29.03.2017).

[4] *Sinn, Hans-Werner*, 2009: Kasino-Kapitalismus. Wie es zur Finanzkrise kam, und was jetzt zu tun ist. Berlin: Ullstein, S.15.

[5] *Comiskey, Michael; Madhogarhia, Pawan*, 2009: Unraveling the Financial Crisis of 2008, in: Focus: Our Political and Financial Crisis of 2008, 271-275.

dieser Arbeit ist bereits eine große Auswahl an Literatur und Daten zu dem Thema vorhanden.

Als erstes wird die „Hypothese der finanziellen Instabilität" von Hyman P. Minsky vorgestellt. Begonnen wird mit den theoretischen Überlegungen (2.1), anschließend wird die Theorie selbst dargelegt (2.1.1) und darauffolgend die Kritik an der Theorie aufgezeigt (2.1.2). Hierauf soll dann die empirische Datenlage im Bezug auf die Theorie diskutiert werden (2.2). Angefangen wird dabei, entsprechend Minskys Theorie, mit dem Verhalten der Finanzakteure in der Zeit des Aufschwungs (2.2.1) und dann, analog zu Minskys Theorie, das Verhalten in der Zeit des folgenden Abschwungs (2.2.2) diskutiert. Abgeschlossen (3.) wird diese Hausarbeit mit der Frage, wie die aufgestellte Forschungsfrage zu beantworten ist und was mögliche aus dem Ergebnis zu ziehende Schlussfolgerungen sind.

2. Theoretische Überlegungen

Minsky führt in seiner Theorie „Die Hypothese der finanziellen Instabilität" aus, dass „finanzielle Instabilität und Finanzkrisen [...] Gegebenheiten des Wirtschaftslebens"[6] sind. Er zeigt auf, wie in der modernen Marktwirtschaft aus einer Zeit des Aufschwungs heraus eine finanzielle Krise entsteht. Die Immobilienkrise 2007/2008 und die daraus entstandene Finanzkrise verdeutlichten dies anschaulich. Im Gegensatz zu der herrschenden Meinung in der Wirtschaftswissenschaft ist bei Minsky finanzielle Instabilität kein „Ding der Unmöglichkeit"[7]. Die Märkte fänden nicht von sich aus wieder zu einem Gleichgewicht[8]. In der klassischen Wirtschaftstheorie können Finanzkrisen erst „gar nicht stattfinden"[9], außer sie werden durch einen exogenen Schock ausgelöst. Bei Minsky dagegen sind die Kräfte, welche die sogenannte kapitalistische Wirtschaft destabilisieren, endogen[10] gegeben. Der Ansatz, im Gegensatz zur klassischen Wirtschaftstheorie, die Entstehung einer Finanzkrise zu erklären, verleiht der „Hypothese der finanziellen Instabilität" ihre Relevanz.

In der vorgelegten Arbeit soll die US-Immobilienkrise sowohl auf der Mikroebene als auch auf der Makroebene mithilfe der Theorie von Minsky analysiert werden. Auf der Mikroebene wird der Zusammenhang zwischen dem individuell rationalen Kalkül der einzelnen Marktteilnehmer (Konsumenten und Finanzinstitute) und der Zusammenbruch des US-

---

[6] *Minsky*, a.a.O. (Anm. 1): 21.
[7] Ebd.: S.22.
[8] *Spremann, Klaus/Gantenbein, Pascal*, 2014: Finanzmärkte: Grundlagen, Instrumente, Zusammenhänge, 3. Aufl., Konstanz: UVK, S. 240
[9] *Vogl, Joseph*, in: Minsky, a. a. O. (Anm. 1): 7.
[10] *Minsky*, a.a.O. (Anm. 1): 23.

Immobliensektors mithilfe von Minsky erklärt. Auf der Makroebene wird die Beschaffenheit des gesamten Finanzsystems in den USA in der Zeit vor der Krise betrachtet.

2.1 „Die Hypothese der finanziellen Instabilität" von H. P. Minsky

Bei Minsky sind die zentralen Akteure Vermögensbesitzer (Unternehmen, Geschäftsbanken, andere Finanzinstitute und vermögende Haushalte). Diese beeinflussen durch ihr Handeln die gesamtwirtschaftliche Entwicklung. Typisch für die postkeynesianische Denkschule bestimmen sie ihr Handeln im Wissen um die Unwägbarkeit der kommenden wirtschaftlichen Entwicklungen.[11] Diese Unwägbarkeit schlägt sich in der Wahl des Portfolios, also den Investitionsentscheidungen nieder. „Für jeden Wirtschaftsakteur ist die Entscheidung, ein Vermögensgut zu kaufen, verbunden mit [der] Entscheidung, wie er diesen Kauf finanziert".[12] Laut Minsky besteht die Wahl zwischen einer aktivseitigen Finanzierung (Bargeld oder Verkauf eines anderen Vermögensgutes) und einer passivseitigen Finanzierung (Aufnahme eines Kredites).[13] Das Portfolio eines Finanzakteurs setzt sich somit aus Aktiva und Passiva zusammen, also aus dem was diese selbst besitzen (Aktiva) und den Verbindlichkeiten, die sie eingegangen sind (Passiva), um diese zu besitzen.[14] Die Präferenzen bei der Portfoliofinanzierung sind von Akteur zu Akteur unterschiedlich. Minsky definiert drei unterschiedliche Kategorien von Akteuren, abhängig davon in welchem Verhältnis von aktivseitiger und passivseitiger Finanzierung diese ihre Portfolios zusammenstellen[15]:

1. Abgesichert finanzierte Akteure, welche ihre laufenden Ausgaben und Zahlungsverpflichtungen aus ihren erwirtschafteten Gesamterträgen begleichen können. Die erwarteten Erträge übertreffen in jeder Periode die laufenden Ausgaben und Zahlungsverpflichtungen[16]. Zudem halten sie einen ausreichenden Anteil an Eigenkapital, mit welchem sie für den Fall sinkender Zahlungseingänge ihre vertraglichen Verpflichtungen weiterhin einhalten können.

---

[11] *Emunds, Bernhardt*, 2001: Der Finanzkeynesianismus in der Tradition Hyman Minskys, in: PROKLA 30. Jg., Heft 123, Nr.2, 245-267, hier: S. 247.
[12] *Emunds*, a.a. O. (Anm. 5): 247.
[13] *Ebd.*: 247.
[14] *Minsky, a. a. O. (Anm.12): 95.*
[15] *Minsky*, a.a.O. (Anm. 1): 35-41
[16] *Schnyder, Marc*, 2002: Die Hypothese finanzieller Instabilität von Hyman P. Minsky. Ein Versuch der theoretischen Abgrenzung und Erweiterung. Dissertation vorgelegt der Wirtschafts- und Sozialwissenschaftlichen Fakultät der Universität Freiburg in der Schweiz. S.75

2. Spekulativ finanzierte Akteure, welche nur einen Teil der laufenden Kosten (nämlich die Zinsen) und Zahlungsverpflichtungen aus ihren erwirtschafteten Gesamterträgen finanzieren können. Zum Begleichen laufender Kredite sind sie auf die Möglichkeit angewiesen, neue Schulden aufzunehmen. Voraussetzung dafür ist ein funktionierendes Finanzsystem. Banken und andere Finanzinstitute sind normalerweise so strukturiert.

3. „Ponzi-finanzierte[17]" Akteure schließlich müssen ihre gesamten laufenden Kosten mithilfe von Schulden in Form von Krediten begleichen. Die laufenden Zahlungsverpflichtungen übersteigen ihre laufenden Einnahmen in jeder Periode bis auf die Periode *n (Periode 1, ...,Periode n)*. Diese Akteuere können ihre Zinszahlungen nicht vollumfänglich aus den antizipierten Nettogewinnen aufbringen.[18] Akteure mit einer solchen Finanzierung sind darauf angewiesen in der fernen Zukunft (Periode n) genug Einnahmen zu generieren, um die angefallenen Schulden abzubezahlen. Dabei ist laut Minsky jedes Investitionsprogramm, welches eine längere Entwicklungsphase benötigt „ponzi-finanziert". Diese Investitionsprogramme sind ein „grundlegende[s], nicht periphere[s] Charakteristikum"[19] des kapitalistischen Systems. Diese Akteure spekulieren auf steigende Preise ihrer Investments (z.B. Immobilien). Sie nehmen Kredite auf und hoffen, durch die Wertsteigerung dann die Zins- und Tilgungszahlungen aufzufangen.

Die Analyse dieser Arbeit wird sich auf die „ponzi-finanzierten" Akteure konzentrieren, da sie für die Beantwortung der Forschungsfrage am relevantesten erscheinen. Unternehmen, die nach diesem System agieren, sind besonders abhängig von einem funktionierenden Finanzsystem, um ihr Geschäft am laufen zu halten. Allen eben genannten Akteuren ist gemein, dass sie ihre Portfoliozusammenstellung in Abhängigkeiten von ihren Zukunftserwartungen bestimmen. Je höher die erwarteten Gefahren in der Zukunft, desto zurückhaltender verschulden sich die Akteure und desto mehr Eigenkapital versuchen sie zu halten.[20]

Die „Hypothese der finanziellen Instabilität" spricht den modernen Finanzsystemen grundsätzlich eine inhärente Instabilität zu. Abhängig ist die Stabilität des Finanzsystems nach Minsky vom Anteil abgesicherter finanzierter Unternehmungen (Akteuren) an der gesam-

---

[17] Ponzi: Ein Betrüger, der sich in den 20er Jahren das Geld für fällige Zinsen durch hohe Zinsversprechen an neue Gläubiger verschaffte. (Pyramidensystem), in: (Minsky, a. a. O. (Anm. 1): 38.
[18] *Schnyder*, a. a. O. (Anm. 10): 76.
[19] *Minsky*, a. a. O. (Anm. 1): 58.
[20] *Emunds*, a. a. O. (Anm. 5):

ten Finanzierungsstruktur. Je kleiner dieser Anteil ist, desto größer wird die Wahrscheinlichkeit einer Finanzkrise.[21]

Laut Minsky kann ein ursprünglich „robustes Finanzsystem zu einem störanfälligen werden, wenn es über mehrere gute (bzw. ruhige) Jahre hinweg zu einer Veränderung der Cashflow[22]-Relationen kommt"[23]. Vereinfacht gesagt: In Zeiten der Stabilität bzw. des Aufschwungs erhöhen die Akteure ihre Investitionstätigkeit. In Erwartung späterer hoher Gewinne (ausgelöst durch die optimistische Stimmung auf den Märkten) und durch das Ansteigen des Wertes der sich im eigenen Besitz befindenden Aktiva[24] verlagern die Unternehmen ihre Strategie in den riskanteren und damit profitableren Bereich. Damit nimmt der Anteil der spekulativ bzw. „ponzi-finanzierten" Akteure verhältnismäßig zu.

Die Akteure verringern die Höhe des Eigenkapitals und finanzieren ihre Investitionen mit geliehenem Kapital (Fremdkapital) (Verringerung der „Liquiditätspräferenz"[25]). Durch die Zunahme von spekulativen Finanzierungsstrukturen, erhöht sich auch die Nachfrage und der Preis von Kapitalanlagen. Aufgrund der positiven Wirtschaftslage erhöhen sich die Gewinne der Unternehmen, was deren Risikoaversion senkt. Die Banken, deren Geschäftsmodell das Vergeben von Darlehen ist, motivieren die Unternehmen dazu, ungenutzte Verschuldungsmöglichkeiten zu nutzen und in langfristige Investitionsprojekte[26] zu investieren. Das ganze Finanzsystem bewegt sich in Richtung „ponzi-finanzierter" Funktionsweise. Paradoxerweise „wirkt Stabilität", laut Minsky, also mittel- bis langfristig „destabilisierend"[27].

Es kommt schließlich zu einem Wendepunkt[28], an dem Zweifel an weiterem Wachstum entstehen. Die Akteure revidieren ihre Erwartungshaltung für die Zukunft. Dies steht bei Minsky im Zusammenhang mit einer Erhöhung der Zinsen[29] durch die Zentralbank. Weshalb erhöht die Zentralbank die Zinsen? Die Zinsen stehen als Preis des Geldes stellvertretend für die Risiken am Finanzsystem. Mit diesem Wissen verstärken erhöhte Zinsen auch die Unsicherheit am Markt. Die Akteure passen ihre „Liquiditätspräferenz" an die neue

---

[21] *Minsky*, a. a. O. (Anm. 1): 46.

[22] Cashflow: Ein- und Auszahlungen

[23] *Minsky*, a. a. O. (Anm. 1): 42.

[24] *Sieg, Sven-Jakob*, 2013: Minsky, Finazialisierung und die Weltfinanzkrise von 2007/2008, in WAO: Soziologie, Jg. 3, S. 1-12, hier: S. 3.

[25] Liquiditätspräferenz: Unter Liquiditätspräferenz versteht man die Neigung von Menschen, ihr Vermögen lieber in liquiden Mitteln zu halten als in Anleihen oder Aktien. Je unsicherer ihre Zukunftsaussichten sind, desto größer ist die gewünschte Liquidität (d.h. der Anteil von z.B. Bargeld), in Borchert, Manfred, 1999: Geld und Kredit. Einführung in die Geldtheorie und Geldpolitik, Wien: Oldenbourg, S. 105f.

[26] Anstelle von kurzfristigen, also „sicheren" Investitionen

[27] *Minsky*, a.a. O. (Anm.1): 46.

[28] Minsky, a. a. O. (Anm. 1): 53ff.

[29] Minsky, a. a. O. (Anm. 1): 58.

Situation an. D.h. man verkauft Aktiva zugunsten liquider Mittel. Diese individuelle Entscheidung, die Liquidität zu erhöhen, um auf Veränderung des finanziellen Umfelds zu reagieren, hat Auswirkungen auf die gesamtwirtschaftliche Lage. Es kommt zu einem Umbruch. Die Gläubiger beginnen an der Fähigkeit der Schuldner zu zweifeln, ihren Zahlungsverpflichtungen nachkommen zu können. Die Banken vergeben keine neuen Kredite mehr und verlängern bereits gewährte Kredite nicht. Die Gewinne der Finanzakteure sinken, während die Zinsen steigen. Viele Akteure sind nicht mehr in der Lage ihre vertraglichen Verpflichtungen zu begleichen und müssen daher zur Refinanzierung Aktiva abstoßen, um weiterhin liquide zu bleiben. Die Preise der Aktiva fallen, da die Nachfrage danach sinkt. Dadurch wird es wiederum erschwert, die bestehenden Schulden durch den Verkauf von Aktiva zu begleichen. Dabei kann, je nach Beschaffenheit des Finanzsystems, ein „individueller Zusammenbruch eine Kettenreaktion von Zusammenbrüchen hervorrufen".[30] Ein Finanzsystem gilt als robust, wenn es fast „alle solventen Akteure auch bei einem relativ starken konjunkturellen Einbruch und bei einem erheblichen Anstieg des Zinsniveaus mit dem benötigten Geld versorgt." Die gesamtwirtschaftliche Liquidität ist ein weiteres Kriterium, welches die Robustheit des Finanzsystems anzeigt. Der dritte Punkt betrifft schließlich das „Niveau der Aktiva-Preise und deren Relevanz für den Verschuldungsgrad der Akteure". Je größer der Anteil an Akteuren, welche auf einen funktionierenden Finanzmarkt angewiesen sind (2. und 3. Gruppe), desto größer ist die Wahrscheinlichkeit eines kollektiven Zusammenbruchs.[31]

In diesem Fall müssen Unternehmen Insolvenz anmelden, Investitionen werden in die Zukunft verschoben, die Produktion bricht ein und es werden Arbeitsplätze abgebaut. Durch die entstandene Panik folgt also aus dem wirtschaftlichen Aufschwung der wirtschaftliche Abschwung.[32] In der Literatur spricht man bei so einem abrupten Zusammenbruch der Assetwerte auch von einem Minsky-Moment. Es kommt zu einer Finanzkrise, welche sich durch die gegebene Verflechtung mit der Realwirtschaft zu einer Wirtschaftskrise ausweitet. Verhindern kann das nur die Zentralbank als „Kreditgeber letzter Instanz", falls sie glaubwürdig die Liquidität erhalten kann.[33]

---

[30] *Minsky*, a. a. O. (Anm. 1): 44.
[31] *Emunds*, a. a. O. (Anm. 5): 257f.
[32] *Spremann, Gantenbein*, a. a. O. (Anm. 3): 240f.
[33] *Minsky*, a. a. O. (Anm. 1): 60-64.

2.2   Kritik an der Theorie von H. P. Minsky

Wie bereits eingangs (siehe: 1 US-Immobilienkrise 2007/2008 - Eine Einführung) ange-sprochen, ist die US-Immobilienkrise nicht ausschließlich den Vorgängen auf den Finanz-märkten zuzuschreiben. In der Literatur wird dies mehrheitlich als Schwäche der „Hypo-these der finanziellen Instabilität" genannt. M. Ivanova, führt in einer Review[34] an, dass Minskys Theorie wenig über die der Krise zugrundeliegenden Ursachen verrät. Diese be-fänden sich viel tiefer, als nur in dem von Minsky kritisierten Finanzsystem. Er erkläre mit seinem Modell, inwiefern die Instabilität dem Finanzsystem endogen gegeben sei und er-kläre davon ausgehend auch ‚echte' Krisen. Dabei bleibt er jedoch vage in der Erläuterung des Moments, an welchem das Verhalten der Akteure von Euphorie in Panik umschlage. Außerdem werde die treibende Kraft hinter der verstärkten Präferenz zur Aufnahme von Krediten nicht klar. Die Autorin sieht die Erklärung für eine Krise eher in der uneinheitli-chen Akkumulation des weltweiten Kapitals.[35]

In diese Kerbe wird auch an anderer Stelle geschlagen. Minskys Fokussierung auf den Fi-nanzmarkt sei laut Palley[36] zu einseitig. An anderer Stelle ist die Kritik an Minsky zu hö-ren: Minsky sei „nur deskriptiv und betreibe keine Ursachenforschung"[37].

Im Rahmen dieser Hausarbeit erscheint aufgrund der Fokussierung auf die spekulative Verhaltensweise des Finanzakteure die Theorie von Minsky jedoch als zielführend.

---

[34] *Ivanova, Maria N.*, 2012: Marx, Minsky, and the Great Recession, in: Review of Radical Political Eco-nomics, Union for Radical Political Economics, 45. Jg., Heft 1, 59-75.
[35] Ebd.: S. 72.
[36] *Palley, Thomas* (2010): The Limits of Minskys Financial Instability Hypothesis as an Explanation of the Crisis, in: Monthly Review, 61. Jg., Heft 11, 28-43, hier S. 36ff.
[37] *Voß, Stefan* 2011: Kann die Hypothese der finanziellen Instabilität von Minsky die aktuelle Finanzkrise 2007/09 erklären?, Vortrag gehalten am 4. November 2010 an der FH Hannover, in: Buchholz, Günter (Hrsg.): Die Wirtschafts- und Finanzkrise mit Blick auf Marx und Keynes - Teil I, Fachhochschule Hanno-ver, Arbeitspapier 02/2011, aus: Sieg, Sven-Jakob, 2013: Minsky, Finanzialisierung und die Weltfinanzkrise von 2007/2008, aus: WAO, Soziologie, 2013, JG.3, S.7.

3.   Empirische Analyse

Um die Erklärungskraft der „Hypothese der finanziellen Instabilität" zu erörtern, soll die Immobilienkrise in den Vereinigten Staaten 2007/2008 als empirisches Beispiel aus der Vergangenheit dienen. In der Folge sollen die Ereignisse, welche zum Zusammenbruch des Immobilienmarktes in den USA führten, dargestellt werden. Die Folgen dieser Immobilienkrise sind bis heute nicht vollständig überwunden. Aus ihr entwickelte sich eine Finanzkrise globalen Ausmaßes. Deren politische wie finanzielle Nachwirkungen sind beispielsweise in Europa bis heute zu spüren u.a. die Schuldenkrise in den südeuropäischen Staaten. Die Relevanz und Aktualität des Themas ist somit gegeben.

Anhand mikro- und makroökonomischer Daten und der verwendeten Literatur wird der Verlauf der Immobilienkrise analog zu Minskys Theorie dargestellt. Zunächst werden das individuelle Verhalten von Haushalten und Finanzinstituten aufgezeigt. Analog zu Minsky wird das Verhalten während des Aufschwungs und im Wendepunkt bis zum Ausbruch der Krise beschrieben. Im Folgenden wird die Verbindung zur Instabilität des amerikanischen Finanzsystems aufgezeigt und wie es deswegen zu der Krise kam.

3.1   Begriffsdefinitionen

Einige Begriffe sind zu nennen, bevor man sich mit dem eigentlichen Thema des Abschnitts beschäftigt. Als „Finanzakteure" werden in der Folge die an dem Handel mit Subprime[38]-Krediten beteiligten Banken, als auch die beteiligten Bürger mit schlechter Bonität bezeichnet. „Spekulatives Verhalten" wird analog zu Minskys Klassifizierung den „ponzi-finanzierter" Akteuren zugeschrieben.

Mit „Stabilität des Finanzsystems" wird in der Folge die Eigenschaft des amerikanischen (bzw. globalen) Finanzsystems bezeichnet, eine größere Anzahl an Ausfällen auf der mikroökonomischen Ebene zu bewältigen, d.h. die Liquidität der Akteure zu gewährleisten.

3.2   Der US-Immobilienmarkt im Aufschwung

Anfang des neuen Jahrtausends verschuldeten sich viele amerikanische Bürger in Erwartung steigender Immobilienpreise, aufgrund der günstigen Wirtschaftslage mithilfe der Banken über ihre Verhältnisse. Als die Ausfallrate der Immobilienkredite anstieg, brach das fragile, auf ansteigende Immobilienpreise angewiesene System in sich zusammen.

---

[38] Subprime: „Hypothekarkredite, die an Kreditnehmer mit schlechter Bonität vergeben werden.", in: Sommer, a. a. O. (Anm. 32): 1.

Die US-Immobilienkrise 2007/2008 steht im direkten Zusammenhang zur *dotcom*-Krise. Als dotcom-Krise bezeichnet man das Platzen der Spekulationsblase aus Aktien von Unternehmen der *New Economy*. Am 10. März 2000 brachen die Kurse dieser Aktien an der größten elektronischen Börse (Nasdaq) ein. Die US-Notenbank (FED) reagierte auf den Einbruch der Börsenkurse und die Terrorattacken vom 11.09.2001 mit einer Lockerung der Geldpolitik, um die Wirtschaft vor größeren Schäden zu bewahren. Der Leitzins wurde bis auf 1% gesenkt und blieb auf diesem historisch niedrigen Niveau bis ins Jahr 2006 bestehen.[39] Im Jahr 2003 und 2004 lagen die Zinsen sogar unter dem Niveau der Inflationsrate.[40] Angetrieben von dieser Niedrigzinspolitik kam die Wirtschaft wieder in Schwung. Die Zeit von 2002 bis 2007 wurde etwa von Jean-Claude Trichet (ehemaliger Chef der Europäischen Zentralbank) als „goldenes Zeitalter der Weltwirtschaft"[41] bezeichnet. Aufgrund des individuellen Kalküls[42] der einzelnen Akteure und aufgrund suboptimaler Regulierung entwickelte sich auf dem US-Immobilienmarkt eine Spekulationsblase. Es wurde zu viel konsumiert und zu wenig produziert. Finanziert wurde diese hohe Verschuldung durch Kredite aus dem Ausland.[43] Ab 2007 kam der Markt in Schwierigkeiten und im Jahr 2008 platzte schließlich die Blase.[44]

Begonnen werden soll diese Analyse aus der mikroökonomischen Sicht, d.h. mit dem Verhalten der amerikanischen Haushalte. Im Hinblick auf das Thema dieser Hausarbeit stellt sich die Frage, inwiefern sich diese nach Minsky auf „ponzi-finanzierte" Geschäfte einließen. Eingangs wurde gesagt, dass die Zinsen sich auf historisch niedrigem Niveau bewegten. In einer solchen Situation ist das individuell rationale Kalkül, sein Geld zu investieren und nicht auf der Bank zu sparen. Nach Minsky senkten die Haushalte ihre „Liquiditätspräferenz", um dem jährlichen Wertverfall ihres Geldes zuvorzukommen.[45] Auf der Suche nach lohnenswerten Geldanlagen fokussierten sie auf reale Investmentmöglichkeiten, in erster Linie zu nennen sind hier Immobilien und Aktien.[46]

Die amerikanische Gesetzeslage begünstigte zusätzlich dieses Verhalten. Gemäß der gesetzlichen Regelung musste man bei Zahlungsunfähigkeit lediglich sein Haus abtreten (sog. Kredit ohne Durchgriffshaftung). Den Gläubigern (in diesem Fall den Banken) war

---

[39] *Comiskey, Madhogarhia*, a. a. O. (Anm. 3): 273.
[40] Ebd.: S. 6.
[41] *Münchau, Wolfgang*, 2008: Flächenbrand. Krise im Finanzsystem. München: Carl Hanser Verlag, S.5.
[42] Individuelles Kalkül: Auf das eigene Wohl ausgerichtete Entscheidung des Einzelnen berücksichtigt nicht, dass die Handlung einen externen Effekt auf Andere hat, in: *Weimann, Joachim*, 2004: Wirtschaftspolitik. Allokation und kollektive Entscheidung. Berlin, Springer: S. 19ff.
[43] *Lambsdorff, J. Graf*, 2016: Makroökonomik, Passau: Selbstverlag, S. 11.
[44] *Münchau*, a.a. O. (Anm. 26): 21ff.
[45] Ebd.: 6.
[46] *Zeise, Lucas*, 2008: Ende der Party. Die Explosion im Finanzsektor und die Krise der Weltwirtschaft. Köln: PapyRossa, S.77.

bei Insolvenz der Schuldner (Haushalte) keine weitere Zugriffsmöglichkeit auf das Vermögen der Haushalte gegeben. Mithin war es die richtige Entscheidung einen Kredit aufzunehmen und sich zu verschulden. Es war zweitrangig, ob man damit die eigenen finanziellen Möglichkeiten überstieg. "Diese geradezu abenteuerlichen Anreizstrukturen" führten zu einer übermäßigen Verschuldung der amerikanischen Konsumenten.[47]

Der US-Immobilienmarkt wuchs aufgrund dieser Rahmenbedingungen kräftig, was sich in steigenden Immobilienpreisen ausdrückte. Im Zeitraum von 1996 - 2006 stiegen diese um 180%, was einem jährlichen Zuwachs von 11,2% entspricht.[48] Die Preise für Hypotheken sanken wegen der billigen Zinsen im gleichen Zeitraum.[49] Immobilienbesitzer entschieden sich deswegen ihre bereits laufenden Hypotheken zu kündigen und zu verbesserten Konditionen neue Hypotheken zu erwerben.[50] Mit den entstehenden finanziellen Möglichkeiten (das gefühlte Vermögen wuchs und erlaubte höhere Kreditspielräume) finanzierten die Haushalte auch ihren sonstigen (Luxus-)Konsum.[51] Als Sicherheit diente die eigene Immobilie, welche verkauft werden konnte, um die angefallenen Zahlungsverpflichtungen bei der Bank zu begleichen. Diese Rechnung konnte für die Haushalte so lange aufgehen, wie die Preise auf dem Immobilienmarkt weiter stiegen.[52] Hinsichtlich der Kriterien eines stabilen Finanzsystems kann man hier analog die Abhängigkeit der Finanzakteure von den Aktiva-Preisen erkennen (s.o.).

Wie in Minskys Theorie beschrieben, haben sich die Haushalte in Zeiten des Aufschwungs weit über ihre Verhältnisse verschuldet. Bis zum Jahr 2005 nahmen die Haushalte $500 Mrd. zusätzlicher Schulden auf sich.[53] Ihre Portfolioentscheidung verlagerte sich in Richtung „ponzi-finanzierter" Struktur. Man setzte darauf, die steigenden Zahlungsverpflichtungen, welche die Einnahmen übertrafen, in der fernen Zukunft abzahlen zu können. Grundlage dieses Verhaltens war, wie Minsky es formuliert, ein scheinbar sicheres finanzielles Umfeld.

Die anderen für diese Analyse relevanten Akteure auf dem Finanzmarkt waren die Banken und sonstigen Kreditinstitute. Auch diesen kann ein in der Zeit vor der Krise individuell rationales Verhalten attestiert werden.

---

[47] *Sinn, Hans-Werner*, 2009: Kasino-Kapitalismus. Wie es zur Finanzkrise kam, und was jetzt zu tun ist. Berlin: Ullstein, S.139-143
[48] Ebd.: S.63
[49] *Münchau*, a. a. O. (Anm. 26): 7.
[50] *Sommer, Rainer*, 2009: Die Subprime-Krise und ihre Folgen. Von faulen US-Krediten bis zur Kernschmelze des internationalen Finanzsystems. Hannover: Heise Zeitschriften Verlag, S.5.
[51] Ebd.: S.21.
[52] *Münchau*, a. a. O. (Anm. 26): 9.
[53] *Zeise, Lucas*, 2008: Ende der Party. Die Explosion im Finanzsektor und die Krise der Weltwirtschaft. Köln: PapyRossa, S.78.

Hans-Werner Sinn schrieb in seinem Werk zu der globalen Finanzkrise 2007/2008[54], sie seien ein „Spiel mit einer für sie positiven Gewinnerwartung" eingegangen.[55] Wie schon für die Haushalte erwies sich die Rechtslage als unfreiwilliger „partner in crime". Gemeint ist damit die Regelung der Haftungsbeschränkung. Bis in die 70er Jahre waren alle Investmentbanken Gesellschaften bürgerlichen Rechts, d.h. es galt eine uneingeschränkte Privathaftung der Eigentümer. Laut Sinn dehnten die Banken das System der Haftungsbeschränkungen im Laufe der Zeit so weit aus, dass sie am Ende „fast gar nicht mehr hafteten".[56] Sie wandelten sich nämlich in Aktiengesellschaften um und mussten als solche nur noch mit ihrem Eigenkapital haften. Bis zum Jahr 2006 lag die Eigenkapitalquote der fünf größten amerikanischen Banken zwischen 3 und 4,5%, wodurch deren „Haftung auf einen symbolischen Restwert geschrumpft war".[57]

Die Banken haben sich wegen der niedrigen Zinsen der FED günstig Kredite besorgen können. Die Zinsdifferenz zwischen geliehenem Geld und Rendite aus den Immobiliengeschäften lies die Verschuldung der Banken immer stärker wachsen, wobei im Gegenzug die Eigenkapitalquote schrumpfte. So lange die Eigenkapitalrendite höher war als der Fremdkapitalzins, lohnte sich die Verschuldung (sog. Leverage-Effekt).[58] So wie die Haushalte verschoben auch die Banken ihre Präferenzen in Richtung „ponzi-finianziertem" Portfolio, um von den günstigen Rahmenbedingungen zu profitieren.

Wie genau haben die Banken gehandelt? Wie bereits Anfang des Abschnitts angesprochen, fragten die Haushalte nach Immobilienkrediten. Die Banken gewährten diese ihrerseits. Zunächst beschränkten sich die Kredite nur auf Haushalte, die die Vorraussetzungen für einen Immobilienkredit erfüllten. Im Sinne des 1995 unter Präsident Clinton reformierten „Community Reinvestment Act"[59] sollten auch weniger wohlhabende Bevölkerungsteile die Möglichkeit zum Erwerb einer Immobilie erhalten. Aufgrund des politischen Drucks lockerten die Banken ihre Richtlinien.[60] In Erwartung eines endlosen Aufschwungs der Immobilienpreise (Aktiva laut Minsky) wurde die Zahlungsfähigkeit der Kreditnehmer immer seltener seitens der Banken überprüft. Im Falle von Zahlungsschwierigkeiten hätte man das Haus mit Gewinn verkaufen können. Mit der Zeit bekamen auch sogenannte „Ninjas" Kredite zugesprochen. Damit gemeint sind Kunden mit „no income, no job, no

---

[54] *Sinn*, a. a. O. (Anm. 29): 109.
[55] Ebd.: S.109.
[56] Ebd.: S.114.
[57] Ebd.: S.114.
[58] *Stahl, Bernhard* 2014: Internationale Politik Verstehen. Opladen & Toronto 2014: Barbara Budrich, S. 241
[59] Ebd.: S. 240.
[60] *Sinn*, a. a. O. (Anm. 29): 150-154.

assets".[61] Dieses Verhalten erinnert an den Ansatz der „shifting baselines". Dabei wird eine vom Menschen bestimmte Situation als „normal" bezeichnet (sog. baseline). Anschließend wird anhand dieser „Normalsituation" eine Bewertung der Umwelt durchgeführt. Mit jeder neuen Evaluierung verschiebt sich der „Normalzustand".[62]

Das Geschäft erwies sich als lukrativ, da die Banken hohe Gebühren für den Abschluss einer Hypothek und ähnlicher Finanzprodukte verlangen konnten. Die hohe Nachfrage ließ nicht nach: 1996 hatte der Subprime-Hypothekenmarkt noch ein Volumen von $100 Mrd., 2005 war diese Zahl auf $625 Mrd. gestiegen. Das entspricht einem Anteil von ca. 7% im Jahr 2001 auf ca. 21% des Hypothekenmarktes im Jahr 2007.[63] An diesem Markt waren nicht nur Investmentbanken wie Lehman Brothers und Bear Stearns, sondern auch europäische Banken und sogar deutsche Landesbanken beteiligt.[64]

Um sich gegen die Risiken dieser Geschäfte, die den Teilnehmern bekannt waren, zu schützen, entwarfen die Banken neue Finanzprodukte. Ihre Lösung war „die Verbriefung der Kreditansprüche".[65] Dazu teilte man die Schuldner in verschiedene Bonitätskategorien ein und verkaufte die Kreditansprüche an andere Banken oder Finanzinvestoren am Markt.[66] Folglich war man das Risiko los und konnte daran sogar noch etwas verdienen. Mehrere dieser verbrieften Kreditrisiken wurden zu noch größeren Paketen zusammengesetzt und als *Collateralized Debt Obligations* (CDO) gehandelt. [67]

Diese CDOs wurden wiederum zusammen zu neuen Wertpapieren zusammengesetzt und auf dem Finanzmarkt angeboten. Damit verwässerte sich die Verantwortung der ursprünglichen Kreditgeber, was die wirtschaftliche Fehlentwicklung noch weiter untermauerte. Die exzessive Verbreitung der Kreditrisiken durch Hypothekenbanken förderte nämlich sowohl bei den Banken, als auch bei den Kreditkunden ein erhebliches Maß an Sorglosigkeit.[68] Obwohl es inzwischen für die Käufer nicht mehr nachvollziehbar war, wie diese Papiere zusammengesetzt waren, bestand eine starke Nachfrage danach. Man verließ sich „auf die guten Namen der Investmentbanken [...], die hinter der mehrstufigen Securitization standen. Ratingagenturen - wie die Marktführer Moody's Corporation und Standart and Poor's Corporation gaben überoptimistische Urteile für das Ausfallrisiko"[69] der Wertpapiere.

---

[61] *Münchau*, a. a. O. (Anm. 26): 8.
[62] *Sheppard, Charles*, 1995: The Shifting Baselines Syndrome, in: Marine Pollution Bulletin, Jg. 30, Heft 12, 766-767, hier: S. 766.
[63] *Sommer*, a. a. O. (Anm. 32): 10f.
[64] *Comiskey, Madhogarhia*, a. a. O. (Anm. 25): 271.
[65] *Sinn*, a. a. O. (Anm. 29): 162.
[66] Ebd.: S. 162.
[67] *Spremann, Gantenbein*, a. a. O. (Anm. 3): 235.
[68] *Sinn*, a. a. O. (Anm. 29): 166.
[69] *Spremann, Gantenbein*, a. a. O. (Anm. 3): 236.

3.3 Wendepunkt und Beginn einer Finanzkrise

Wegen der weltweiten Verflechtungen der Finanzschauplätze verbreiteten sich diese mehrfach verbrieften Kreditrisiken in aller Welt. Erste Zweifel an der Stabilität des Aufschwungs kamen auf, als die Ausfallquote der Immobilienkredite anstieg. Bestärkt wurden die Zweifel, als ab Ende 2006 der Preisanstieg für Häuser in den USA langsam zu stagnieren begann.[70]

Ben Bernanke, der Chef der Fed, hob den Leitzins bis Mitte 2006 auf 5,25%. Wie Minsky es beschreibt, gab eine Veränderung des Zinsniveaus den entscheidenden Anstoß zum Kippen der optimistischen Stimmung. Die Finanzmärkte zeigten im Frühjahr 2007 erste Krisensymptome. Die Zinsen begannen zu steigen.[71] Durch die erhöhten Zinsen haben sich die Zahlungen auf die Hypotheken, welche an den Leitzins gekoppelt waren, vor allem im Subprime-Bereich fast verdoppelt.[72] Die Zwangsversteigerungen von Immobilien erreichte ca. 5%[73]. Die Immobilienpreise in den USA fielen von 2006 bis 2009 um 34%[74]. Der Verfall der Preise im Immobiliensegment entspricht dem Verfall der Aktiva-Preise bei Minsky (s.o.).

Die Kreditnehmer konnten ihre Kredite nicht mehr bedienen. Wegen der fallenden Immobilienpreise war auch ein Verkauf dieser zur Refinanzierung mittlerweile unmöglich. Die Schulden übertrafen den Wert der Immobilien. Im Jahr 2007 brach der Markt für Immobilien in den USA dann letztlich ein. In der Finanzbranche kam es zu Verlusten und Insolvenzen. Im Juni 2007 gerieten zwei Hedgefonds von Bear Stearns, eine führende amerikanische Investmentbank, in Liquiditätsschwierigkeiten. Hier konnte die Insolvenz allerdings noch durch die Muttergesellschaft abgewendet werden.

Der Preisverfall der Immobilien beschleunigte sich nochmals in der Folge. Weil die Besitzer der Immobilien ihre aufgenommen Kredite nicht mehr bedienen konnten, brachen die Profite der Banken ein. Um gegen etwaige Ansprüche gewappnet zu sein, erhöhten sie deswegen ihre „Liquiditätspräferenz" und vergaben keine Kredite mehr an andere Banken. Der Handel mit CDOs, wie auch der generelle Geldhandel wurde fast gänzlich eingestellt.[75] Der Wunsch nach individuell erhöhter Liquidität führte folglich zu gesamtwirtschaftlicher Illiquidität.[76] Das Vertrauen zwischen den großen Geschäftsbanken ging verloren. Ein weiteres Kriterium einer Finanzkrise und eines instabilen Finanzsystems bei

---

[70] *Münchau*, a. a. O. (Anm. 26): 14.
[71] Ebd.: 15.
[72] *Comiskey, Madhogarhia*, a. a. O. (Anm. 25): 273.
[73] Sinn, a. a. O. (Anm. 29): 157.
[74] Ebd.: 64.
[75] *Münchau*, a. a. O. (Anm. 26): 19-21.
[76] Emunds, a. a. O. (Anm. 5): 261.

Minsky, die Illiquidität der Finanzakteure, war somit gegeben.[77] Dem amerikanischen Finanzsystem in der Zeit vor der globalen Finanzkrise muss insofern die Robustheit abgesprochen werden, welche nötig gewesen wäre, um bei den entstandenen Zahlungsausfällen weiter die Liquidität der Märkte zu erhalten.

„Auf dem Höhepunkt der Krise"[78] musste am 15. September 2008 die Investmentbank Lehman-Brothers, einer der größten Teilnehmer am Hypothekengeschäft, Gläubigerschutz beantragen.[79] In der Folge weitet sich die US-Immobilienkrise schließlich zu einer internationalen Finanzkrise aus. In den USA, Europa und Asien summieren sich bei Finanzunternehmen laut Schätzungen des IMW Verluste in Höhe von $2,28 Billionen. Weltweit bricht das Bruttoinlandsprodukt um 0,6 Prozentpunkte ein. In den USA, dem Ursprungsland der Krise, sogar um 2,6 Punkte.[80]

4. Schlussfolgerung

Thema dieser Hausarbeit ist es, die Anwendbarkeit und Aktualität der Theorie „Hypothese der finanziellen Instabilität" von Hyman P. Minsky am Beispiel der US-Immobilienkrise 2007/2008 auf den Prüfstein zu stellen. Im Hinblick auf die Forschungsfrage wurde untersucht, warum sich aus dem finanziellen Aufschwung der frühen 2000er eine Krise von globalem Umfang entwickeln konnte. Die Hypothese von Minsky konnte m.E. aufgrund der empirischen Daten belegt werden. Wie von ihm beschrieben, entschieden die Finanzakteure aufgrund der optimistischen Stimmung an den Finanzmärkten sich stärker zu verschulden und höhere Risiken einzugehen. Das Finanzsystem selbst war instabil und brach zusammen, als einzelne Akteure ihren Zahlungsverpflichtungen nicht mehr nachkamen.

Schon Friedrich Engels erläuterte im 19. Jahrhundert in seinem Werk „Die Lage der arbeitenden Klasse in England", dass dem „Wesen der Industrie" die „darin begründeten Handelskrisen"[81] entspringen. Zwar setzte er zeitbedingt den Fokus seiner Betrachtung auf den Zusammenhang zwischen industrieller Konkurrenz und den Folgen, die zum Elend der Arbeiterklasse führen. Beide Theoretiker kommen dennoch zur Erkenntnis, dass Krisen dem modernen Finanzsystem endogen gegeben sind. Minskys Verdienst ist es diesen prak-

---

[77] Ebd.: 262.

[78] Spreman/Gantenbein, a. a. O. (Anm. 3): 235.

[79] F.A.Z., 2009: Chronik der Finanzmarktkrise. URL: http://www.faz.net/aktuell/wirtschaft/historie-chronik-der-finanzmarktkrise-1852331.html (Stand: 27.03.2017)

[80] Bundeszentrale für politische Bildung, Globale Finanz- und Wirtschaftskrise, 2010, URL: http://www.bpb.de/nachschlagen/zahlen-und-fakten/globalisierung/52584/finanz-und-wirtschaftskrise (Stand: 29.03.17)

[81] Engels, Friedrich, 1845: Die Lage der arbeitenden Klasse in England, in Karl Marx - Friedrich Engels - Werke, Band 2, Berlin: Dietz Verlag, S. 225-506, hier: S. 312.

tischen Gedanken in einer belastbaren Theorie zu präzisieren. Vor allem die Erklärung des individuellen menschlichen Verhaltens in Zeiten der Volatilität gelingt der „Hypothese der finanziellen Instabilität".

Zusammenfassend wurde aufgezeigt, wie ohne effektive Regulierung der Finanzmärkte großer Schaden für die Realwirtschaft und damit den Alltag vieler Bürger entstehen kann. Obwohl auch andere Kriterien eine entscheidende Rolle spielten, führte letztendlich das eigentlich individuell rationale Verhalten der Finanzakteure zu der Krisensituation. Aufgrund der Verflechtung von Real - und Finanzwirtschaft und des großen Anteils der Teilnehmer an dem Handel mit Subprime-Hypotheken, CDOs etc. war das gesamte Wirtschaftssystem betroffen. Dieses Handeln wurde nicht aus bösem Willen heraus praktiziert, sondern weil es grundsätzlich möglich gemacht wurde und es dem Einzelnen im Detail oft nicht begreifbar ist, welche Auswirkungen sein individuelles Handeln auf die Allgemeinheit hat. Verbindliche Regeln für die Regulierung des Finanzsektors auf internationaler Ebene erscheinen hier ein probates Mittel zu sein, um eine Wiederholung der Fehler der Vergangenheit zu verhindern. Obwohl die Schockphase überwunden ist, sollte der Versuch, verbindliche internationale Regeln aufzustellen, nicht in den Hintergrund rücken. Erste Schritte wurden bereits vollzogen, sind allerdings aufgrund der aktuellen politischen Entwicklungen möglicherweise in Gefahr. In Europa haben antieuropäische Kräfte Konjunktur. In den USA regiert aktuell eine dem globalen Freihandel und supranationalen Institutionen kritisch gegenüberstehende Administration.

Quellen- und Literaturverzeichnis

Borchert, Manfred, 1999: Geld und Kredit. Einführung in die Geldtheorie und Geldpolitik, Wien: Oldenbourg.

Comiskey, Michael; Madhogarhia, Pawan, 2009: Unraveling the Financial Crisis of 2008, in: Focus: Our Political and Financial Crisis of 2008, S. 271-275.

Emunds, Bernhardt, 2001: Der Finanzkeynesianismus in der Tradition Hyman Minskys, in: PROKLA 30. Jg., Heft 123, Nr.2, S. 245-267.

Engels, Friedrich, 1845: Die Lage der arbeitenden Klasse in England, in Karl Marx - Friedrich Engels - Werke, Band 2, Berlin: Dietz Verlag, S. 225-506.

Ivanova, Maria N., 2012: Marx, Minsky, and the Great Recession, in: Review of Radical Political Economics, Union for Radical Political Economics, 45. Jg., Heft 1, S. 59-75.

Lambsdorff, J. Graf, 2016: Makroökonomik, Passau: Selbstverlag.

Minsky, Hyman P., 2011: Die Hypothese der finanziellen Instabilität: Kapitalistische Prozesse und das Verhalten der Wirtschaft, in: *Vogl, Joseph* (Hrsg.), Hyman P. Minsky. Instabilität und Kapitalismus. Zürich: Diaphanes.

Minsky, Hyman P., 1990: John Maynard Keynes. Finanzierungsprozesse, Investition und Instabilität des Kapitalismus (Postkeynesianische Ökonomie 5), Marburg: Metropolis.

Münchau, Wolfgang, 2008: Flächenbrand. Krise im Finanzsystem. München: Carl Hanser Verlag.

Neubäumer, Renate, 2011: Eurokrise: Keine Staatsschuldenkrise, sondern Folge der Finanzkrise, in : Wirtschaftsdienst, Heidelberg: Springer, Band 91, Heft 12, S. 827-833.

Palley, Thomas (2010): The Limits of Minskys Financial Instability Hypothesis as an Explanation of the Crisis, in: Monthly Review, 61. Jg., Heft 11, S. 28-43.

Sheppard, Charles, 1995: The Shifting Baselines Syndrome, in: Marine Pollution Bulletin, Jg. 30, Heft 12, S.766-767

Sieg, Sven-Jakob, 2013: Minsky, Finazialisierung und die Weltfinanzkrise von 2007/2008, in WAO: Soziologie, Jg. 3, S. 1-12.

Sinn, Hans-Werner, 2009: Kasino-Kapitalismus. Wie es zur Finanzkrise kam, und was jetzt zu tun ist. Berlin: Ullstein.

Schnyder, Marc, 2002: Die Hypothese finanzieller Instabilität von Hyman P. Minsky. Ein Versuch der theoretischen Abgrenzung und Erweiterung. Dissertation vorgelegt der Wirtschafts- und Sozialwissenschaftlichen Fakultät der Universität Freiburg in der Schweiz.

Sommer, Rainer, 2009: Die Subprime-Krise und ihre Folgen. Von faulen US-Krediten bis zur Kernschmelze des internationalen Finanzsystems. Hannover: Heise Zeitschriften Verlag.

Spremann, Klaus/Gantenbein, Pascal, 2014: Finanzmärkte: Grundlagen, Instrumente, Zusammenhänge, 3. Aufl., Konstanz: UVK.

Stahl, Bernhard 2014: Internationale Politik Verstehen, Opladen & Toronto: Barbara Budrich.

Voß, Stefan 2011: Kann die Hypothese der finanziellen Instabilität von Minsky die aktuelle Finanzkrise 2007/09 erklären?, Vortrag gehalten am 4. November 2010 an der FH Hannover, in: *Buchholz, Günter* (Hrsg.): Die Wirtschafts- und Finanzkrise mit Blick auf Marx und Keynes - Teil I, Fachhochschule Hannover, Arbeitspapier 02/2011, aus: *Sieg, Sven-Jakob*, 2013: Minsky, Finanzialisierung und die Weltfinanzkrise von 2007/2008, aus: WAO, Soziologie, 2013, JG. 3. S. 1-12.

Weimann, Joachim, 2004: Wirtschaftspolitik. Allokation und kollektive Entscheidung. Berlin, Springer.

Zeise, Lucas, 2008: Ende der Party. Die Explosion im Finanzsektor und die Krise der Weltwirtschaft. Köln: PapyRossa.

Internetquellen

Bundeszentrale für politische Bildung, Globale Finanz- und Wirtschaftskrise, 2010, URL: http://www.bpb.de/nachschlagen/zahlen-und-fakten/globalisierung/52584/finanz-und-wirtschaftskrise (Stand: 29.03.17).

Frankfurter Allgemeine Zeitung, 2009: Chronik der Finanzmarktkrise. URL: http://www.faz.net/aktuell/wirtschaft/historie-chronik-der-finanzmarktkrise-1852331.html (Stand: 27.03.2017).

OECD, 2017, Gross Domestic Product (GDP) (indicator), Entwicklung US$/capita der OECD Staaten und Europas 1995-2011, URL: https://data.oecd.org/chart/4Ngf (Stand: 29.03.2017).